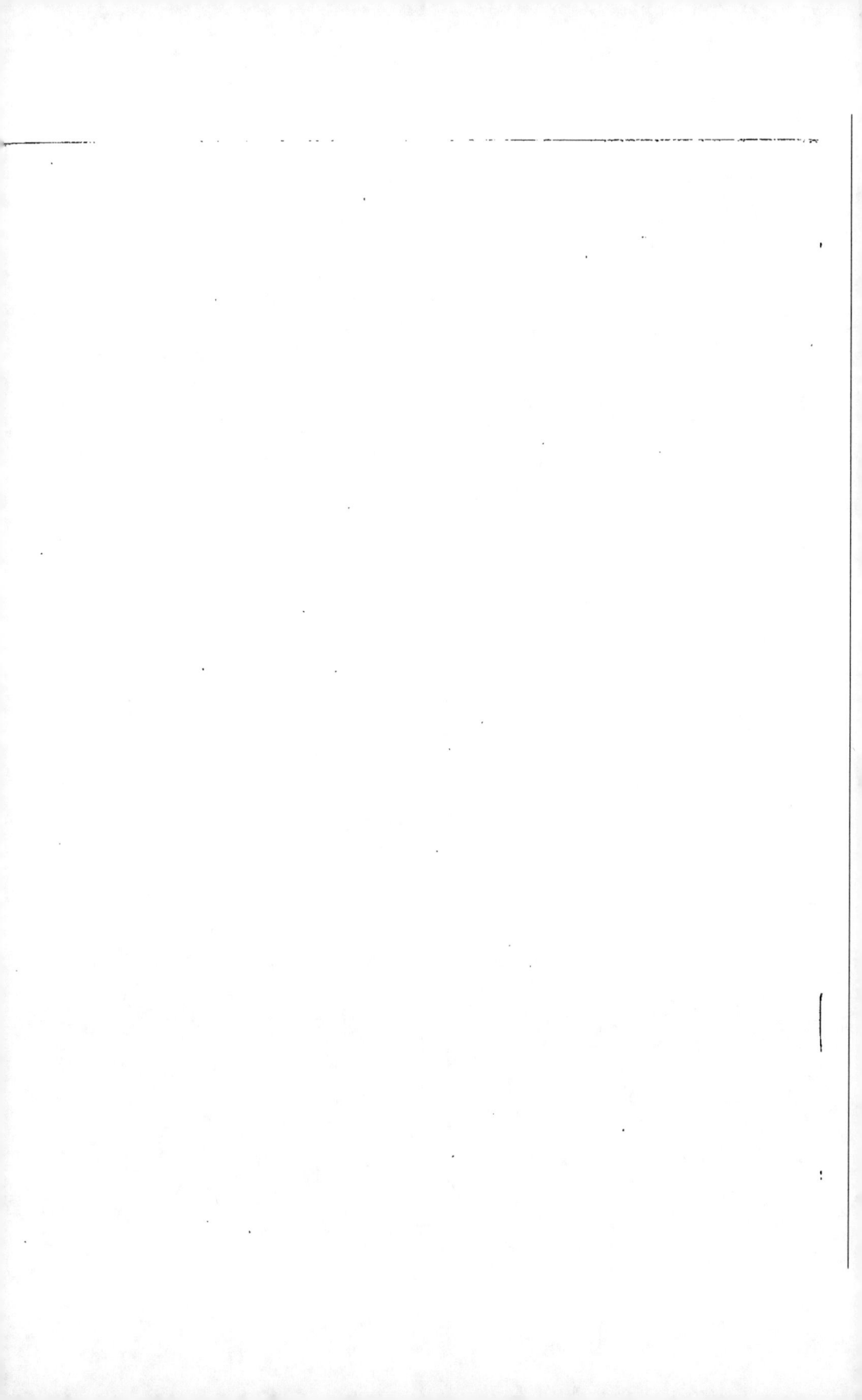

DÉPARTEMENT DE L'ALLIER.

PROCÈS-VERBAUX de l'inauguration du buste de LEPELLETIER, et des séances publiques des autorités constituées et de la société populaire de Moulins, tenues en présence de *Fouché* de Nantes, représentant du peuple, député par la Convention nationale près les départemens du centre et de l'ouest.

Séance publique du 26 septembre 1793, l'an deuxième de la république française, une et indivisible, et le premier de la constitution populaire, tenue dans l'église paroissiale Notre-Dame.

L'ASSEMBLÉE des autorités constituées, de la société populaire et des citoyens de Moulins, ayant été convoquée par le représentant du peuple *Fouché*, chargé par la Convention nationale d'être l'apôtre de la liberté dans les départemens du centre et de l'ouest, et d'y substituer aux cultes superstitieux et hypocrites, auxquels le peuple tient encore malheureusement, celui de la république et de la morale naturelle, on s'est réuni en l'église Notre-Dame.

La séance ouverte, le représentant du peuple a dit, que plusieurs fonctionnaires des autorités constituées lui ayant été dénoncés par la société populaire, il venoit au milieu du peuple, s'environner de ses lumières, et entendre les moyens de justification des accusés : il a invité le peuple à garder le plus profond silence, et à conserver toute sa dignité.

Les fonctionnaires publics accusés d'incivisme, d'ignorance ou de fédéralisme, sont ; savoir :

Au département, les citoyens Dubarry, président (prêtre) ; Goyard, procureur-général-syndic ; Mathieu, Meige et Gaulmin, administrateurs du directoire ; Mandon et Descombes, membres du conseil ; Merlin, secrétaire-général ; et Rousseau, commis du procureur-général-syndic.

Au district, Radot, administrateur ; Dalphonse, procureur-syndic ; et Ripoud, receveur.

A la municipalité, Libaud, Desmorillon et Gémois, officiers municipaux ; Benoît et Girard fils, notables.

Dubarry et successivement tous ces dénoncés, à l'exception d'un petit nombre qui étoit absent, ou qui a gardé le silence, ont proposé leur justification, les uns avec quelques applaudissemens assez sincères du peuple, d'autres d'une manière assez insignifiante et sans applaudissemens.

Rouyer et Perrotin, au nom de la société populaire ; Verd, comme administrateur et membre de la société, ont successivement contredit ces moyens de défense : à l'égard des uns, ils ont eu des signes presque universels d'approbation ; et à l'égard des autres, le peuple s'est prononcé partie en leur faveur, partie d'une manière douteuse.

Les dénonciateurs et les dénoncés ont été entendus

plusieurs fois ; et sur le tout , le représentant du peuple, rappelant tout ce qui a été dit à charge et à décharge, et prenant , pour asseoir son opinion , l'approbation ou l'improbation du peuple ouvertement prononcées , et non les applaudissemens ou les murmures qui partoient des coins de la salle et du sein des ténèbres , a dit qu'il ne pouvoit s'empêcher de voir que les justifications annonçoient beaucoup de travail et d'exécution sous des loix monarchiques , et peu sous des loix révolutionnaires ; qu'il ne suffisoit pas à des administrateurs d'être assidus dans leurs bureaux , et de remplir leurs devoirs matériels ; qu'il falloit exercer les vertus révolutionnaires , et sur-tout sauver le peuple de ses oppresseurs ; que l'erreur ou la foiblesse ne pouvoient excuser le magistrat ; que si celui qui se chargeoit d'une fonction publique n'avoit pas une ame forte et énergique , il étoit criminel de l'avoir acceptée , et devoit être puni ; qu'au surplus , avant de prononcer , il examineroit cette affaire dans sa conscience et dans sa sagesse.

Il a annoncé que des mesures urgentes de salut public devoient être prises ; et en conséquence rappellant succinctement une majeure partie des dispositions contenues dans les loix révolutionnaires décrétées par la Convention nationale depuis le 31 mai dernier , il a parlé des subsistances , sur lesquelles développant toutes les considérations qui lient essentiellement le sort de la république à cette partie des besoins du peuple , il a fait voir qu'il existoit encore , malgré l'abolition de la noblesse et du clergé , deux classes bien distinctes entre les citoyens ; celle des *oppresseurs* et celle des *opprimés* : les *oppresseurs,* les riches égoïstes, accapareurs, monopoleurs : les *opprimés*, les indigens, les vieillards, les infirmes (masse la plus respectable du peuple, et néanmoins la plus souffrante). Il a fait sentir que la mendicité étoit un effet de cette oppression, et qu'il ne pouvoit pas concevoir comment, dans un moment où la république ne professe d'autres principes que l'égalité, et où elle a solemnellement déclaré dans la constitution, que tout individu avoit le droit d'être nourri aux dépens de la société, il se trouvoit encore des hommes assez insensibles pour voir de sang-froid leurs semblables être journellement livrés aux angoisses de la misère et des besoins, et vivre eux-mêmes au milieu de l'abondance, de la mollesse et de l'oisiveté.

Ces réflexions touchantes l'ont amené à faire considérer la cupidité, l'égoïsme et l'aristocratie des riches, comme les sources fécondes de tous ces outrages à la souveraineté du peuple : en conséquence, considérant qu'il est temps enfin que cette souveraineté ne soit plus aussi indignement outragée, et que le riche n'emploie plus ses richesses contre le peuple, mais bien au contraire soit forcé à lui en faire partager le superflu.

Considérant que les familles des défenseurs de la patrie éprouvent plus particulièrement cette oppression; que jusqu'ici les secours qui leur sont accordés par la Convention nationale, ne leur sont pas parvenus, et qu'il importe à la justice, à l'humanité, à la souveraineté du peuple, de faire cesser ces longues et pénibles privations.

Le représentant du peuple, considérant que le pain que l'on distribue aux pauvres, n'est de mauvaise qualité que parce qu'on extrait la fleur de la farine qui le compose, pour faire du pain pour le riche , arrête qu'il ne sera fabriqué qu'une seule espèce de pain , et que le prix sera fixé à trois sous ; que des indemnités seront accordées aux boulangers , proportionnellement à leurs pertes , et seront réglées par les municipalités , qui demeureront chargées , sous leur responsabilité , de toutes les mesures de police et d'exécution nécessaires pour qu'il n'y ait plus aucune fraude sur la manipulation du pain , et aucun prétexte à la malveillance d'agiter le peuple sur sa bonne ou mauvaise qualité.

2°. Que la mendicité est abolie dans toute l'étendue du département de l'Allier : qu'à cet effet , les autorités constituées établiront des hospices , dans lesquels ils feront entrer , sans délai , tous les mendians de l'un et l'autre sexe ; si mieux ils n'aiment rester dans leurs familles , où il leur sera porté des secours ; que pour y parvenir promptement , chaque municipalité , sous sa responsabilité et sous huitaine pour tout délai après la réception du présent , fera le tableau de tous les mendians de son arrondissement , et levera sur les riches un impôt proportionnel à leur nombre , de manière qu'elle puisse payer le travail des valides , et procurer un secours honorable à ceux qui ne le sont pas.

3°. Que toutes les municipalités du département sont également tenues , dans l'espace de huit jours et sous leur responsabilité collective et individuelle , de faire parvenir à l'administration du département , les tableaux des familles des défenseurs de la patrie , qui ont droit aux secours décrétés par la Convention nationale ; que ces tableaux seront formés en colonnes , dont la première contiendra les noms de ceux qui combattent dans les armées pour la liberté. La seconde désignera les actions vertueuses qu'ils y auront faites. La troisième contiendra les noms de leurs familles. La quatrième, leur âge et la nature de leurs besoins. Lesquels tableaux seront placés dans le lieu le plus apparent des maisons communes, afin qu'ils puissent servir à attester les services de ces mêmes volontaires, et de renseignemens pour les secours à accorder à leurs familles.

Le représentant du peuple a fait sentir que le défaut d'exécution des meilleures loix révolutionnaires en faveur de la classe opprimée du peuple, provenoit de l'opposition qu'y apportent les riches et tous ceux qui, soit dans les administrations, soit dans les sociétés populaires, soit enfin dans les campagnes, ne peuvent associer les principes de l'égalité avec leur goût pour les jouissances exclusives. Il a démontré de la manière la plus convaincante, que les préjugés du fanatisme religieux servoient encore de prétexte à leur malveillance pour tromper et séduire le peuple, et pour le détourner du sentier des vertus morales et civiques, que son cœur et son ame, sans préventions, conçoivent avec tous leurs avantages inappréciables. Il a passé successivement en revue tous les dangers dont la patrie est menacée ; toutes les considérations propres à rehausser le courage des patriotes, et à contenir par la terreur, ceux qui osent encore les persécuter ; et se résumant sur le tout par des mesures révolutionnaires,

Il a arrêté, 1°. qu'il sera formé sur le champ, dans la ville de Moulins et pour le département, une armée révolutionnaire, composée de deux cents hommes d'infanterie,

de cinquante de cavalerie , et autant de canonniers , lesquels seront tous choisis parmi les vrais Sans-culottes , et
seront tenus d'obtenir de leurs municipalités , un certificat
de civisme , pour être définitivement enrôlés dans cette
armée ;

Que leur organisation sera la même que celle de Paris ,
et que la solde sera , pour chaque homme , de trois livres
par jour , et prise sur les fonds fournis par les riches.

2°. Que les devoirs de la nature et de la raison devant
être enfin remplis, et établis d'une manière impérissable ,
sur les décombres du fanatisme et de l'hypocrisie , tout
prêtre qui ne sera pas marié , ou qui n'aura pas adopté un
enfant légalement à la maison commune , de manière à
le reconnoître pour le sien et le faire son héritier ; ou
enfin qui ne nourrira pas un vieillard à sa table , en le considérant comme son père , d'ici au premier novembre pro-
chain , ne pourra entrer dans aucune fonction publique.

3°. Que les noms des rues et des places seront changés,
ainsi que ceux des promenades, et qu'autant que faire se
pourra , on y substituera les noms de ceux des défenseurs
de la liberté qui ont péri glorieusement en combattant
pour la patrie et pour la liberté ; que toutes les enseignes
qui portent des signes de royalisme , de féodalité et de
superstition , seront renouvellées et remplacées par des
signes républicains ; qu'enfin les enseignes ne seront plus
saillantes , mais simplement peintes sur les murs des
maisons.

4°. Que , vu la nécessité de donner au peuple des dé-
lassemens conformes aux vertus morales , civiques et na-
turelles qu'il doit pratiquer, il y aura , tous les dimanches,

une fête civique , dans laquelle on honorera successivement toutes les vertus.

5°. Qu'il sera formé , dans chaque chef-lieu de canton , une société populaire , et établi un instituteur de la jeunesse , auquel il sera fourni les papiers publics nécessaires pour l'instruction , aux dépens des riches.

Le représentant du peuple a exposé qu'il avoit visité , dans la matinée , la manufacture d'armes de cette ville , et qu'il avoit vu avec beaucoup de mécontentement , l'espèce de pénurie de toutes les matières de première nécessité , dans laquelle l'entrepreneur l'avoit laissée. Il est entré dans plusieurs détails sur cette matière importante , et sur les causes de cette lenteur dans la fabrication , par cet entrepreneur ; il en a jeté tout le blâme sur sa cupidité , son insouciance ou sa coalition avec les ennemis de la république. Il a développé tous les avantages de cette manufacture , et pour la république en ce qu'elle étoit placée au centre , dans un local où tout abondoit pour en faciliter les travaux ; et pour la ville de Moulins : et se résumant sur le tout , après avoir dit qu'il falloit que l'entrepreneur optât entre remplir strictement et diligemment les conditions de son marché , ou porter sa tête sur l'échafaud ; après avoir jugé par les improbations du peuple contre l'entrepreneur , et par ses applaudissemens sur l'intérêt qu'il vouloit y prendre , pour le forcer à remplir son marché , il a arrêté , au désir unanime de l'assemblée ,

1°. Que les autorités constituées sont chargées et requises , sous leur responsabilité , de surveiller la manufacture d'armes de cette ville , et l'exécution des engagemens pris par l'entrepreneur ; comme aussi , dans le cas où il ne travailleroit pas , au désir dudit marché , à le faire mettre en état d'arrestation , à le traduire au tribunal criminel , comme un traître à la patrie , et à faire établir , à ses dépens et dans le plus bref délai , les usines qui sont nécessaires.

2°. Que l'entrepreneur de la manufacture sera tenu de pourvoir aux subsistances de ses ouvriers ; et que si , à défaut de s'être conformé au présent arrêté , les ouvriers manquent de subsistances et quittent les ateliers , il en sera personnellement responsable , et déclaré traître à la patrie.

L'exécution de toutes les mesures ci-dessus arrêtées , et leur mode , demeurent confiés aux autorités constituées , qui, pour cet effet, emploieront, quand elles le jugeront nécessaire , la force révolutionnaire.

La séance s'est terminée par les applaudissemens les plus unanimes et les plus marqués du peuple , et par ses cris d'allégresse mille fois répétés : *vive la République , vive la Convention nationale , vive la Montagne* , en rendant un juste tribut aux principes de fraternité et de salut public, si avantageusement développés par son représentant dans les départemens du centre et de l'ouest.

SÉANCE du 27 septembre au matin , tenue en la grande salle de la maison commune.

La séance a été ouverte et présidée par le représentant du peuple *Fouché* , qui a accordé la parole à ceux qui l'ont demandée.

2

Le maire a exposé , que l'objet de la séance devant s'établir sur la dénonciation faite contre différens membres de la municipalité et du conseil général de la commune, les assistans étant invités à rendre hommage à la vérité, tant à charge qu'à décharge , sur le compte des dénoncés, et à se dépouiller de tous préjugés et considérations particulières , et à ne s'arrêter qu'aux motifs d'intérêt général; ce qui a été vivement applaudi.

Un membre du conseil ayant demandé à connoître la liste des membres dénoncés , a énergiquement fait connoître son opinion sur chaque individu , en rapportant tout ce qui étoit à sa connoissance : d'autres membres ont confirmé les faits particuliers. Ceux des dénoncés qui étoient présens , ont fait valoir les moyens de leurs justifications; quelques-uns d'entr'eux ont même reçu des applaudissemens.

Le représentant du peuple ayant ensuite balancé les moyens des uns et des autres avec la franchise , le civisme et l'énergie qui caractérisent un vrai républicain, a arrêté qu'il recevroit la démission des citoyens Libaud et Desmorillon , officiers municipaux , et que le citoyen Gémois, aussi officier municipal , demeure destitué. Il a nommé le citoyen Batissier, curé , officier municipal à la place du citoyen Libaud , à condition que le citoyen Batissier se conformera incessamment à l'arrêté pris par le représentant du peuple , le jour d'hier, en l'église Notre-Dame , consistant ou à se marier, ou à adopter un enfant ou un vieillard , par acte authentique devant l'officier public de la municipalité. Il a nommé le citoyen Delaume à la place du citoyen Desmorillon , et le citoyen Renard à celle du citoyen Gémois ; et pour remplacer les citoyens Batissier, Delaume et Renard, pris dans les notables, le représentant du peuple a nommé, sur l'indication qui lui a été faite de différentes personnes, les citoyens Ravenel, Thierriot et Dorgeval.

AUTRE SÉANCE du 27 septembre, tenue dans l'église des ci-devant Minimes, appellés actuellement hospice des vieillards, après midi.

Le représentant du peuple a ouvert et présidé la séance qui devoit avoir lieu au département, mais qui a été transférée à la susdite église, vu l'insuffisance du local.

La séance ouverte, le citoyen Verd, administrateur au directoire du département, a fait le rapport de la commission qu'il a remplie aux eaux de Vichy, sur la réquisition du représentant du peuple Couthon, du département du Puy-de-Dôme, et encore d'une autre mission remplie, par la même occasion, dans la commune de Barrois, en vertu d'un arrêté de son directoire.

Il a dit qu'aux eaux de Vichy il a trouvé deux personnes qui, par leurs qualités, leurs réponses, et l'or dont l'une d'elles a été trouvée nantie, lui avoient parues suspectes, et qu'il avoit pris, à leur égard, des mesures de sûreté publique. Il a fait lecture de toutes les piéces produites par ces buveurs d'eau ; et sur son rapport,

Le représentant du peuple, considérant que le citoyen Bethenon, ci-devant avocat au parlement de Paris, natif d'Avallon, entre les mains duquel il a été trouvé 25,200 liv. en or, ne pouvoit être considéré que comme un contre-révolutionnaire, sous tous les rapports des causes d'un resserrement d'une masse aussi considérable d'or, dans un moment où la république a des besoins, et où il est décrété que toutes les personnes qui en ont, le porteront aux caisses publiques, pour être échangé contre des assignats républicains.

Considérant que cette somme de 25,200 liv. en or ne pouvoit avoir été recelée que pour satisfaire ou l'avarice, ou un penchant à desservir la cause de la liberté, par l'appât séducteur de cette monnoie perfide,

Arrête que le citoyen Bethenon sera traduit en la maison d'arrêt de Moulins, où il sera détenu jusqu'à nouvel ordre, et jusqu'à ce que l'administration du département ait pris sur son compte des renseignemens certains ; que la somme de 25,200 liv. trouvée entre ses mains, sera confisquée au profit des pauvres, et versée à cet effet, dans les caisses de l'administration du département, qui demeure autorisée à les faire échanger en assignats républicains, chez le payeur général, qui les fera parvenir à la trésorerie nationale, et à en faire la distribution dans son arrondissement, partie au profit des pauvres familles des volontaires, qui n'ont pas droit aux secours décrétés par la Convention nationale, partie aux pauvres connus sous le nom de mendians ; de manière néanmoins que ceux qui sont valides, gagnent, par un travail modéré, ce qui leur sera attribué.

Considérant que le citoyen Terras et son épouse, également dénommés dans le rapport du citoyen Verd, sont suspects par toutes les piéces produites, et par leur manière tortueuse de s'être énoncés lors de la visite faite dans son domicile ; qu'il ne paroît pas constant qu'il ait résidé en France depuis sa retraite de la marine ; qu'il paroît au contraire plus que vraisemblable qu'il a émigré à l'époque de sa retraite, et qu'il n'est rentré en France que pour y servir, dans les différentes parties de la république qu'il parcourt sans avoir un lieu fixe, de védette aux aristocrates et aux malveillans,

Arrête que le district de Cusset est requis de faire de nouveaux interrogatoires et recherches promptes et secrettes sur le compte dudit Terras et de son épouse ; comme aussi qu'il sera détenu dans la maison d'arrêt de Cusset, jusqu'à ce que le représentant du peuple, plus amplement instruit, en ait été autrement ordonné.

Rapport du même commissaire de sa commission, pareillement remplie en la municipalité de Barrois, district du Donjon, où il est parvenu à rétablir la paix au milieu de la lutte des passions et des prétentions, entre les habitans, la municipalité, un ci-devant comte nommé Viry, son secrétaire nommé Frédefont, et le curé ; sur lequel

Le représentant du peuple, considérant que le citoyen Viry, par sa qualité de ci-devant comte ; par son agent, qui ne paroît être que son organe dans tout ce qui a été fait pour agiter la commune de Barrois ; et enfin par tous ses alentours domestiques et privés qui lui donnent une influence dangereuse dans son canton, et nuisible à la chose publique, ne peut être considéré que comme suspect, et comme tel, reclus en exécution de la loi.

Considérant que Frédefont son homme d'affaire, encore plus suspect par toutes les circonstances de sa conduite dans ce canton et dans celui de la Palisse, qu'il habitoit ci-devant,

Arrête que le citoyen Viry sera mis, à la diligence du district du Donjon, en la maison de reclusion, où il restera jusqu'à ce que le représentant du peuple, sur un plus ample informé, en ait autrement ordonné.

Arrête que Frédefont, son homme d'affaire, ssra transféré, à la même diligence, et de brigade en brigade, en la maison d'arrêt de Moulins.

Il est sursis, jusqu'à de plus amples informations, à statuer sur le sort du citoyen Fleury, curé de Barrois.

Sur la réclamation de la veuve du citoyen Roy, gendarme, mort à la défense de la patrie, et chargée de deux enfans, sans aucune ressource quelconque, le représentant du peuple arrête, qu'en attendant les secours de la Convention nationale, eu égard aux besoins urgens de cette malheureuse veuve, attestés par une infinité de bons citoyens, il lui sera provisoirement payé, sur les 25,200 livres ci-dessus confisquées, une somme de 200 liv.

Le représentant du peuple a renouvellé ses observations sur les mesures de sûreté publique, prises dans la séance d'hier; et y ajoutant une infinité de moyens victorieux en faveur de la cause populaire, il a considéré que la grande cause des malheurs du peuple, des trahisons et des revers multipliés qu'essuie la république, provenoit de ce que l'homme riche faisoit un abus énorme de ses trésors, pour tenir le peuple dans l'oppression, contenir, par le besoin, son énergie et ses mouvemens révolutionnaires, et parvenir, de concert avec l'ennemi du dehors, à anéantir la république, il a sagement pensé qu'un moyen

infaillible d'arrêter ces contre-révolutionnaires dans leur
marche liberticide et assassine, consistoit à donner au
peuple des armes contre eux, s'emparer des revenus de
ceux détenus dans les maisons d'arrêt pour cause de sus-
picion, et les réduire au simple nécessaire ; en conséquence il a arrêté,

1°. Que toutes les personnes détenues comme suspectes,
seront réduites, ainsi que leur famille, au simple nécessaire jusqu'à la paix, et que le surplus de leurs revenus
sera employé aux frais nécessités pour les mesures révolutionnaires.

2°. Que ceux qui n'obéiront pas, dans le délai fixé,
aux réquisitions qui leur seront faites, seront déclarés
suspects.

3°. Que les autorités constituées sont autorisées à requérir, s'il est nécessaire, dans tout le département, tous
les cuivres, les batteries de cuisines, soit chez les particuliers, soit dans les établissemens de la république,
sous quelque forme qu'ils soient ; à l'exception néanmoins
des chaudières et autres ustensiles nécessaires au service
public ; le tout pour servir à la fabrication des canons,
et à l'alliage nécessaire pour la fonte des cloches.

Rapport du citoyen Meillet, administrateur du département, sur les grandes routes et sur la navigation sur
la rivière du Cher, importantes pour la république, et
en particulier pour le departement, pour y faciliter la
circulation des bleds venant de Nantes et autres lieux.

Le représentant du peuple arrête, que sur cet objet
l'administration présentera une pétition par écrit, sur laquelle il donnera son avis.

L'objet de l'assemblée d'hier sur les dénonciations articulées contre des fonctionnaires des administrations, a été remis à la discussion et à l'examen de l'assemblée.

Le représentant du peuple ne voulant prononcer qu'après s'être éclairé de nouveau et avoir pris le vœu légitime du peuple, a invité les administrateurs du département à parler les premiers, et à dire franchement et en vrais républicains, ce qu'ils avoient à reprocher aux dénoncés.

Verd, administrateur, a paru à la tribune, où, persistant dans ce qu'il avoit dit la veille, il a développé avec l'énergie d'un caractère prononcé, tous les griefs qu'il avoit à reprocher aux dénoncés, successivement : les applaudissemens du peuple l'ont fréquemment interrompu.

Delaire, administrateur, observant que Verd n'avoit présenté que ce qui étoit à charge, il étoit convenable qu'il parlât à décharge. Il a présenté, dans le travail, dans la correspondance et dans la conduite des administrateurs, des moyens pour établir leur innocence et leur attachement sincère à la république.

Meillet, administrateur, a été entendu dans le même sens. Les motifs qui ont déterminé l'un et l'autre, leur ont concilié quelques applaudissemens.

Les dénoncés ont encore produit quelques moyens de défense, sur lesquels le citoyen représentant, suffisamment éclairé, a prononcé ce qui suit.

Les citoyens Dubarry, président ; Goyard, Procureur-général-syndic ; et Mathieu, administrateur du département, seront remplacés.

Les citoyens Mandon et Descombes, membres du conseil, seront également remplacés.

Les citoyens Gaulmin et Meige, administrateurs du directoire ; et Merlin, secrétaire-général, sont conservés dans leurs fonctions.

Le sort du citoyen Rousseau, secrétaire-commis du procureur-général-syndic, est déféré, pour sa révocation ou conservation, à l'administration, lorsqu'elle sera réorganisée.

Le représentant du peuple s'est occupé du remplacement du procureur-général-syndic : il a dit qu'on lui avoit proposé les citoyens Grimaud et Perrotin, et a consulté, sur l'un et sur l'autre, le vœu de l'assemblée.

A peine les noms de ces deux républicains ont-ils été entendus, que la voix du représentant a été entièrement couverte et étouffée par les applaudissemens et les *bravo* répétés de tous les assistans, qui, en rendant hommage au patriotisme et à l'énergie du citoyen Grimaud, ont manifesté leur vœu de la manière la plus éclatante, et ainsi qu'ils l'avoient universellement émis les 25 et 26 de ce mois, tant à la société populaire qu'en l'église Notre-dame, pour que le représentant donnât la préférence au citoyen Perrotin, également connu, et par ses sacrifices de tous genres, qu'il a si généreusement et avec tant de plaisir, faits à la patrie depuis le commencement de la révolution ; et par les talens et les vertus civiques qu'il avoit constamment développés dans sa place de procureur-syndic du district de Moulins.

Sur l'observation faite au représentant du peuple, que le citoyen Perrotin n'avoit point obtenu de certificat de civisme, qu'on s'étoit permis de provoquer pour lui, à

3

son insu, et qu'en sa qualité de membre du tribunal du district et de fonctionnaire public élu par le peuple, il étoit dispensé de demander, d'après la loi. Le représentant, indécis et jaloux d'éclairer sa religion, a témoigné son regret de ne pouvoir répondre encore au vœu général, qui, pour la troisième fois, appelloit le citoyen Perrotin à la place de procureur-général-syndic, et a remis la nomination et proclamation de cette place, au dimanche suivant, jour indiqué pour une fête civique.

Le représentant du peuple a invité les administrateurs du district à s'expliquer franchement sur le compte de leurs collègues accusés. Différens administrateurs ont été successivement entendus, avec des applaudissemens de l'assemblée, qui ne laissoient aucun doute sur la validité des justifications ; et sur le tout le représentant du peuple suffisamment instruit, arrête ce qui suit.

Les citoyens Radot, administrateur, et Dalphonse, procureur-syndic du district, ayant été reçus avec applaudissement par le peuple, dans leurs moyens de justification, seront conservés dans leurs fonctions.

Le citoyen Ripoud, suffisamment convaincu d'une correspondance suspecte et criminelle avec des citoyens de Lyon, sera remplacé.

Un citoyen a proposé que les fonctionnaires publics remplacés ne fussent point dans le cas de l'arrestation. Cette motion ayant été appuyée par plusieurs autres, le représentant du peuple a dit qu'il lui avoit été présenté des démissions, qu'il les avoit acceptées ; qu'en conséquence il n'y a aucunement lieu à arrestation.

La séance a été terminée par les acclamations sincères du peuple, *bravo*, *bravo*, vive la République, *vive la Montagne*, vive la Convention nationale ; *mort aux tyrans.*

SÉANCES des 29 et 30 septembre 1793, l'an deuxième de la république française, une et indivisible, tenue aux ci-devant Minimes et en l'église Notre-Dame.

Ces deux journées ont été célébrées, l'une par une fête civique, donnée par le représentant du peuple pour honorer le malheur et la vieillesse ; l'autre, par une réunion fraternelle de toutes les autorités constituées et sociétés populaires, pour rendre hommage aux vertus républicaines si énergiquement développées par le représentant du peuple, et pour honorer les pères, mères et épouses des braves défenseurs de la patrie.

On ne vit jamais, à Moulins, une fête aussi belle que celle du 29, ni aussi franchement goûtée par les citoyens. Quel spectacle touchant ! quel parfait accord ! Quelle allégresse ! Tous à l'envi, portant en triomphe les instrumens de leur art, tous exprimant, avec une émotion vraiment républicaine, leur juste hommage à la vertu, chantant les hymnes chéries de la liberté ; tous serrés autour du représentant du peuple, l'écoutant avec l'intérêt de la conviction, et offrant à leur patrie leurs bras, leurs enfans et leur fortune. Le buste du brave Lepelletier, porté avec tout l'appareil de la reconnoissance et du souvenir de ses vertus civiques ; un cortège nombreux de vieillards, d'infirmes et d'indigens, tous couronnés d'épis, tous goûtant pour la première fois le doux espoir de jouir d'une existence plus heureuse, et d'être soulagés dans leurs maux ou leur infortune ; au milieu desquels le représentant du peuple n'entendoit retentir que les cris mille fois répétés, *vive la Convention nationale*, *vive la Montagne*, *vivent les Sans-culottes*.

Cette cérémonie touchante et vraiment faite pour renouveller et imprimer dans tous les cœurs le feu sacré de l'amour pour la patrie, a été fixée dans l'ordre qui suit.

Dimanche, 29 septembre, à six heures du matin, la fête sera annoncée par une salve de cinq coups de canon ; à huit heures, le rappel battra, et à deux heures après midi, les compagnies se rendront dans le lieu ordinaire de leur rassemblement ; elles se porteront, à deux heures précises, sur le cours Voltaire, où elles se rangeront en bataille, et d'où elles partiront pour se mettre en marche au signal de trois coups de canon.

Les infirmes et les vieillards se rendront, à deux heures, au lieu ordinaire des séances de la municipalité, auprès du représentant du peuple, lequel sortira au milieu de ce respectable cortège, au son d'une musique militaire ; et le signal de ce départ sera annoncé par un coup de canon. Arrivé sur le cours Voltaire, les citoyens rassemblés formeront un bataillon quarré, au milieu duquel se trouvera un autel chargé de couronnes d'épis, que le représentant du peuple posera sur la tête des infirmes et vieillards.

Le cortège partira du cours Voltaire (ci-devant d'Aquin),

passera devant le département , la municipalité , sur la place Brutus (ci-devant des Lices) , passera au pont de l'Allier , le long de la levée , jusqu'au cours des Sans-culottes (ci-devant Bercy) , la rue de Paris , le cours Lepelletier (ci-devant Doujeat) , rue Rousseau (ci-devant des Augustins) , rue de la Liberté (ci-devant Bourgogne) , entre les deux cours , laissant à droite le cours Voltaire , passant sur le cours Beaurepaire (ci-devant la mission) , l'allée des Zéphirs , rue de l'Egalité ; aboutir à l'hospice des vieillards (ci-devant les Minimes) , où se fera le répas.

ORDRE DE MARCHE.

1. Une compagnie de travailleurs , portant des pioches , des marteaux , des scies , échelles , enfin tous les instrumens propres à faire justice de tous les monumens du fanatisme et de la féodalité : elle aura avec elle deux bons républicains , costumés en *Sans-culottes*, qui lui indiqueront les choses à détruire.
2. Piquet de cavalerie , précédé d'un trompette et d'un fanon portant ces mots : *Le peuple français honore la vieillesse , la vertu et le malheur.*
3. Deux piéces de canon.
4. Les vétérans , la garde nationale marchant par pelotons , sur six de front , ayant à leur tête tous les tambours.
5. Le tambour-major portant un glaive nud d'une main , et de l'autre , le code criminel et civil.

6. La musique militaire.

7. Le représentant du peuple formant un groupe sans ordre avec les infirmes et les vieillards, entouré des juges de paix ; deux chars suivront, parés, ainsi que les chevaux, de feuillages disposés commodément pour y recevoir ceux d'entre les vieillards ou les infirmes qui ne pourroient suivre facilement le cortège.

8. La bannière de la garde nationale, où sont écrits ces mots : *Le peuple français debout contre les tyrans.*

9. Des chanteurs et chanteuses choisis, habillés de blanc, tenant à la main des tyrses de pampres avec les grappes, tournés autour d'une baguette de trois pieds, qui chanteront les hymnes chéris de la liberté, en alternant avec la musique qui les précède.

10. Les citoyens qui ont adopté des enfans ou qui nourrissent des vieillards.

11. Une compagnie de grenadiers.

12. Les corps administratifs.

13. Les différentes autorités constituées.

14. Les tribunaux.

15. Le buste de LEPELLETIER, précédé d'une inscription sur laquelle on lira ces mots : *Il mourut pour sa patrie,* devant lequel des enfans jetteront des branches de feuillages.

16. La société populaire avec tous ses attributs.

17. Le comité de surveillance.

18. Les femmes et enfans des volontaires qui combattent dans les armées de la république, tenant à la main des branches de chêne, de peupliers, lière, des pam-

pres, joncs et osiers, et des couronnes. Ce groupe
sera précédé d'un fanon sur lequel seront ces mots :
Elles attendent les vainqueurs.

19. Suivront différens groupes, marchant sur six de front :
Le 1er. Les ouvriers de la manufacture d'armes, armés
de fusils neufs ; douze d'entr'eux portant sur les épau-
les un trophée d'armes , et pour inscription : *Le*
peuple armé contre ses oppresseurs.

Le 2e portera les instrumens de la navigation et de la
pêche.

Le 3e. Différens ouvrages de fer, et les outils propres
à ce travail.

Le 4e. Les boulangers , portant des paniers pleins de
pain de l'égalité.

Le 5e. Les honorables artisans , portant les instrumens
de leur état.

20. L'armée révolutionnaire , portant pour devise : *guerre*
à mort à ceux qui veulent affamer le Peuple ; et traî-
nant dans la boue les enseignes du fanatisme et de
l'aristocratie.

2 piéces de canons.

21. Un piquet de cavalerie fermera la marche.

Au milieu du cours des Sans-culottes, il sera fait un
auto-da-fé du reste des papiers féodaux : du sein de
l'incendie s'élevera cette inscription : *le Peuple seul*
est impérissable.

Le canon tonnera dans tous les lieux où il sera fait
station.

La distribution des secours dus aux femmes des volontaires , sera faite à l'hôtel commun.

La fête sera terminée par des chants, des danses, et un repas fraternel donné aux vieillards et infirmes, qui seront servis par les autorités constituées, à l'hospice des vieillards.

Elle a été exécutée dans le même ordre arrêté : toutes les stations ont offert le tableau d'un peuple mu pour la liberté, et disposé à la défendre au péril de la vie. Tous les préjugés du fanatisme, de l'orgueil et de la féodalité ont été dépouillés des cœurs les moins accessibles à la vérité. Le représentant du peuple, apôtre fervent de la liberté, a fait connoître aux citoyens leurs droits et leurs devoirs : le serment de sacrifier tout à la patrie, et de n'avoir de considération plus chère que celle de l'amour du bien de la république, a été prêté entre ses mains, et suivi de cris de joie et d'allégresse. Le cortège est parvenu dans l'église des Minimes, métamorphosée en *hospice des vieillards*, où étoit préparé un repas pour les vieillards et pour les infirmes.

Le représentant du peuple et toutes les autorités constituées dans le costume que leur donne la loi, ont servi à table ces intéressans convives : autour d'eux régnoit l'allégresse la plus mêlée de l'émotion du devoir et du sentiment, et l'on entendoit souvent proférer ces paroles : *honneur et respect à la vieillesse, honneur et respect au malheur*, au bruit d'une musique guerrière, qui a exécuté des morceaux patriotiques ; et aux acclamations des spectateurs, les uns occupés à des danses, les autres livrés aux ravissemens que leur inspiroit un spectacle aussi touchant.

On ne vit jamais non plus, à Moulins, une réunion fraternelle offrir une situation plus délicieuse que celle du lundi 30, qui a eu lieu dans le même hospice des vieillards : le même empressement autour du représentant du peuple, les mêmes acclamations, les mêmes émotions, la même ardeur guerrière, se sont renouvellés. Le représentant du peuple s'est vu au milieu d'une famille, dans laquelle on voyoit, d'une part, au haut d'une tribune, un respectable vieillard placé dans une espèce de char, entouré de chêne et de feuillages, ayant les cheveux blancs, âgé de quatre-vingt-quatre ans, donnant à ses enfans les signes de son approbation paternelle ; et d'une autre, les pères, les mères et les épouses des défenseurs de la patrie, ayant chacun des couronnes entrelacées dans les bras, placés autour d'une table couverte d'un repas frugal, préparé pour les honorer, et pour servir de tribut de reconnoissance aux sacrifices qu'ils ont faits en donnant leurs enfans à la patrie.

Le citoyen Delan a fait un discours que l'assemblée a entendu avec les applaudissemens les plus mérités, et dont elle a arrêté l'insertion au procès-verbal, ainsi qu'il suit.

» Quel tableau ravissant ! mes yeux et mon ame se
» repaissent d'un spectacle aussi délicieux ; je manque
» d'expression pour vous rendre tout ce que je ressens.
» Savez-vous comment j'appellerois cette fête ? hé bien !
» en me servant littéralement des expressions de l'abbé
» Roy, je l'appellerois la fête de mon cœur.

4

RÉPUBLICAINS,

» La Convention nous a donné la plus sage et la plus
» sublime des constitutions, et c'est un de ses membres
» qui veut, par la douce persuasion et la conviction de
» l'exemple, nous en offrir les fruits et nous en faire
» goûter les douceurs.

» Législateur ! aussi éclairé que bienfaisant, aussi mo-
» deste que vertueux, tu sais que la révolution est faite
» dans les choses, tu veux aujourd'hui la faire dans les
» caractères et dans les mœurs : c'est la conséquence d'une
» grande vérité que tu nous annonçois l'autre jour. *Ré-*
» *publicains*, nous disois-tu, *les mœurs et les vertus sé-*
» *vères peuvent seules soutenir la république et la faire*
» *fleurir.* En rapprochant d'aussi près l'exemple du pré-
» cepte, nous n'oublierons jamais tes leçons philantro-
» piques : tu nous as appris, par une fête, à honorer la
» vieillesse et à soulager l'infortune ; les larmes que tu
» fais couler, ne sont pas celles de l'amertume et de la
» douleur, mais celles du sentiment.

» Non, le bonheur n'est point une chimère ; la raison
» et la justice l'ont rappellé parmi nous.

» Représentant ! qu'il est beau ! qu'il est heureux ce
» jour où ton ame pure, obéissant aux mouvemens géné-
» reux qu'elle éprouve, vient au milieu de nous pratiquer
» les vertus sociales ! tu fais l'admiration générale. Re-
» çois, en ce moment, notre hommage ; il est offert avec
» franchise ; il est sans apprêt ; il est l'expression de nos
» cœurs. »

Le bruit d'une musique guerrière s'est fait entendre pendant tout le repas : les santés ont été portées à la République, à la Convention nationale, à la Montagne, au Représentant du peuple, à toutes les journées mémorables de la mort du tyran et du triomphe des Sans-culottes sur les Muscadins ; les hymnes patriotiques ont été chantées par les citoyennes, et répétées pas les citoyens, avec l'expression du juste hommage que méritoit la Convention nationale en la personne de son représentant : en un mot, tout a été employé pour honorer la vieillesse, les vertus, et les pères, mères et épouses des défenseurs de la patrie, et pour célébrer la liberté.

Une majeure partie de l'assemblée a été laissée au milieu des danses et des groupes de volontaires également invités à la réunion fraternelle ; et le représentant du peuple s'est rendu, avec les autorités constituées, en l'église Notre-Dame, où il avoit fait indiquer une séance pour six heures précises.

La séance est ouverte : un citoyen propose de donner le nom de *Fouché* à la rue du faubourg, où les pauvres habitent en plus grand nombre ; le représentant du peuple rejette avec véhémence cette proposition, et dit : *après ma mort, vous honorerez mon nom, si j'ai bien mérité pendant ma vie : passons à l'ordre du jour.*

Le directoire du district de Moulins fait proposer une série de questions, qui sont répondues par le représentant du peuple, ainsi qu'il suit.

Dans la première, les administrations demandent toute autorisation, interprétation et exception nécessaire quant aux réquisitions d'armes et chevaux qu'exige le service de la république.

Il est arrêté que les administrations sont autorisées à régler l'un et l'autre objet, selon leur sagesse, et d'après leurs connoissances locales.

Dans la seconde et troisième, ils demandent des explications sur les variations dans la conduite des administrations et des commissaires des guerres, à l'égard des défenseurs de la patrie et des convalescens en route : ils demandent encore une autorisation à permettre aux citoyens jouissant de leurs biens, de faire venir de leurs propriétés éloignées, les grains nécessaires à la subsistance de leur famille.

Il leur est répondu que, sans exception quelconque, il faut s'attacher à l'exécution de la loi, attendu que le bonheur du peuple prendra une consistance d'autant plus grande, lorsque les mesures prises seront égales et sévèrement calquées sur la loi.

Dans la quatrième, ils exposent que les forêts nationales se dilapident de toutes parts, qu'il est instant d'obvier à cet abus énorme, et qu'un des moyens consisteroit à bien payer ceux qui sont préposés à leur garde.

Il est arrêté, que les gardes de tous les bois nationaux du département, ne peuvent en effet remplir leurs fonctions, avec les traitemens modiques de 120, 140 ou 150 liv. qui leur sont accordés ; et sous toutes les considérations d'humanité, de justice et d'intérêt national, le représentant du peuple fixe leur traitement annuel à 800 livres, à compter du premier octobre 1793.

Dans la cinquième, ils demandent quel usage il faut faire des linges des églises supprimées, ainsi que des ornemens.

Le représentant du peuple, considérant que le meilleur usage qu'on en puisse faire, c'est de le destiner à servir les malades, et à panser les braves volontaires blessés ou estropiés, arrête que ces linges seront distribués aux hôpitaux, pour y être employés de préférence au service des volontaires; ou pour y être convertis en charpie, s'ils y sont propres, pour le service des armées.

Dans la sixième, ils parlent de la circonscription et de la suppression des paroisses, ainsi que de leur travail sur cet objet, vérifié et arrêté par le conseil de leur district et par les communes intéressées; et demandent à être autorisés à effectuer ces circonscriptions et suppressions, sous plusieurs considérations d'utilité publique et d'économie nationale.

Le représentant du peuple, considérant que les avantages qui résultent de ces suppressions, offrent à la république l'économie de plusieurs traitemens ecclésiastiques, et concilient les intérêts respectifs des communes circonscrites, autorise et homologue toutes celles du département qui sont ainsi arrêtées par les corps administratifs.

Dans la septième, ils demandent l'homologation d'une attribution provisoire faite par le directoire du département, de l'ancienne église des Bénédictins de Souvigny, pour église paroissiale de cette commune.

Cette homologation est accordée.

Dans la huitième, ils demandent s'il y a exception en faveur des citoyens absolument nécessaires à l'agriculture, de satisfaire à la première réquisition.

Il leur est répondu, que la loi a compris dans les exceptions tous ceux dont les bras sont utiles à la patrie ; qu'il falloit se tenir en garde contre toutes les demandes et exceptions, et sur-tout contre la facilité avec laquelle des officiers de santé non patriotes, donnent des certificats de maladie aux muscadins.

Un citoyen de la première réquisition demande que tous ceux de cette classe soient réunis et exercés.

Il est arrêté qu'ils ne peuvent être réunis qu'autant que les approvisionnemens de grains nécessaires pour leur subsistance, auront été faits ; que tous les commissaires des assemblées primaires sont en conséquence autorisés à faire faire le battage des grains chez tous les propriétaires, fermiers et laboureurs, afin d'accélérer lesdits approvisionnemens, et de faire réunir ensuite aux chefs-lieux, le plus prochainement, tous les citoyens des districts.

Il est également arrêté, que les mêmes commissaires sont autorisés à prendre les ouvriers nécessaires pour le battage, et à requérir la force publique de l'armée révolutionnaire ; que tous ceux qui seront convaincus de s'être opposés, directement ou indirectement, à l'exécution des décrets de la Convention nationale, aux arrêtés par lui pris, et à ceux que prendront le comité de surveillance et les autorités constituées, seront sur le champ, à la diligence du comité de surveillance établi par le département, punis par leur exposition pendant quatre heures sur l'échafaud, un jour de marché.

Un citoyen renouvelle son désir de voir organiser l'armée révolutionnaire, et propose plusieurs réflexions, qui
sont goûtées par l'assemblée, et sur lesquelles le représentant du peuple, considérant qu'il faut au peuple une
sauve-garde contre la malveillance et la tyrannie de ses
ennemis ;

Considérant que des citoyens armés contre une faction
scélérate, capable d'employer tous les moyens pour les
tromper et les faire succomber dans ses piéges, ne sau-
roient être trop exercés ;

Considérant que la subordination et l'instruction dans
une armée sont les seuls moyens de la rendre propre à
ses devoirs, et inflexible à toute voie de séduction et de
composition,

Arrête que l'armée révolutionnaire sera chargée de veil-
ler à la sûreté des propriétés ; qu'elle sera à la disposition du comité de surveillance pour toutes les mesures de
sûreté qu'il prendra, soit pour les subsistances, soit pour
les taxes à imposer sur les riches, soit pour tout ce qui
intéressera l'ordre public,

Qu'elle sera occupée à des exercices journaliers ; que
chaque soldat sera armé d'un fusil, d'une paire de pis-
tolets et d'un sabre ; et que son habillement sera le même
que celui des volontaires.

Qu'il sera imprimé des manuels d'exercice en assez grand
nombre, tant pour l'armée révolutionnaire, que pour la
première réquisition : afin que l'instruction se fasse avec
plus de méthode et de célérité, et que tout soldat qui
manquera à la subordination, ou qui sera prévenu de quel-

que faute, sera sur le champ puni par son capitaine, de vingt-quatre heures de prison ; sauf au comité de surveillance à décider s'il mérite une plus grande peine.

Qu'enfin, tous ces frais seront supportés par les riches, attendu que c'est par eux qu'ils sont nécessités, et que la solde de l'officier, commandant, etc. sera la même que celle du soldat, c'est-à-dire de 3 livres par jour.

Dans les séances précédentes, le représentant du peuple a arrêté, qu'il y auroit des fêtes civiques tous les dimanches : il a renouvellé les motifs de cet arrêté ; et, considérant que l'émulation est le stimulant le plus actif pour la jeunesse ; que conséquemment il faut employer tous les moyens propres à rendre son ame guerrière et à flatter son cœur, il invite toutes les citoyennes à n'aimer leurs amans qu'autant qu'ils se voueront à la patrie, et qu'ils n'auront pas la lâcheté de se cacher pour éviter la réquisition. Défiez-vous, leur dit-il, des sermens de fidélité de ceux qui sont parjures envers la république.

Il arrête en conséquence, que pour rendre intéressantes ces fêtes civiques, il y aura, tous les dimanches, exercice général des soldats, sous les yeux des citoyens et des citoyennes, où ces dernières encourageront, par leurs applaudissemens, ceux qui se montreront les plus adroits.

Un citoyen propose de faire mettre une inscription civique sur une colonne placée sur l'un des cours de la ville.

Il est arrêté qu'elle portera pour inscription : *honneur à la vieillesse et au malheur ;* et qu'on placera au-dessus

de cette colonne , une statue de la liberté , ornée de tous
ses attributs ; le tout aux dépens des riches.

Lecture est faite d'une pétition des boulangers de Moulins , tendante , 1°. à obtenir des indemnités pour leurs
approvisionnemens à Etampes pour la ville de Moulins ,
et pour la fixation du pain à 3 sous la livre ; à demander qu'il leur soit facilité les moyens de s'approvisionner.

Le représentant du peuple , après une discussion fort
éclairée sur cette matière importante , arrête ,

1°. Que les administrations sont autorisées à donner les
indemnités si elles sont dues , et à les refuser si elles
sont illégitimes.

2°. Que la municipalité de Moulins proportionnera l'in-
demnité accordée aux boulangers par l'arrêté d'hier , au
prix du pain et à celui de l'achat des grains.

3°. Que le comité de surveillance emploiera les moyens
les plus efficaces pour faciliter auxdits boulangers les
approvisionnemens.

4°. Que le même comité de surveillance demeure chargé
de faire faire les épreuves du pain d'égalité ; de s'assurer
journellement si les boulangers en fabriquent , et s'ils ont
fait tous leurs efforts pour se procurer les grains nécessaires.

Le représentant du peuple , considérant qu'il faut en
imposer à la malveillance par des exemples sévères , et
qu'il faut enfin que la souveraineté du peuple fasse justice
de tous ceux qui la violent et l'outragent ,

Arrête , qu'à défaut par les boulangers de se conformer
ponctuellement aux loix , aux arrêtés par lui pris , et à

5

ceux que prendront les autorités constituées et le comité
de surveillance, leurs prévarications seront punies suivant leur nature plus ou moins grave, par la confiscation
de leurs grains, pain, farines, et par leur exposition,
un jour de marché, pendant quatre heures sur l'échafaud.

Le représentant du peuple passe au remplacement des
fonctionnaires publics du département et du district, qui
doivent être remplacés en exécution de son arrêté du 27.

Il nomme pour président, au lieu et place de Dubarry,
Grimaud.

Pour procureur-général-syndic, au lieu de Goyard,
Givois, procureur-syndic du district de Cusset, actuellement près l'armée sous les murs de Lyon, auquel il
est arrêté qu'il sera envoyé un courier extraordinaire,
aux dépens des riches, pour l'inviter à se rendre à son
poste.

Pour administrateur du directoire du département, au
lieu de Mathieu, Braud, administrateur au directoire du
district de Cérilly.

Pour administrateurs du conseil du département, au
lieu et place des citoyens Mandon et Descombes, les citoyens Dufour de Saint-Pourçain, et Moulin de la Couronne de Saint-Gérand-le-Puy.

Pour procureur-syndic du district de Cusset, au lieu
de Givois, nommé procureur-général-syndic, le citoyen
Poncet, administrateur du même district.

Il laisse aux conseils de districts à remplacer les administrateurs sortant des directoires par avancement; et
à celui du district de Moulins, à remplacer, dans le plus
bref délai, son receveur.

Le représentant du peuple rappelle aux sociétés populaires, leurs devoirs à l'égard de la chose publique : il remonte à l'origine de leur création, et rappelle succinctement tout ce qu'elles ont fait pour la cause de la liberté, toutes les manœuvres qui ont été employées contre elles, et toute la protection que leur a accordée la montagne de la Convention nationale, par ses décrets sévères contre ceux qui oseroient les troubler dans leurs délibérations.

Il les invite à continuer leur surveillance, et à se mettre, sans aucune considération, à toute la hauteur de la marche révolutionnaire qu'il faut adopter pour sauver la république ; il étend leur surveillance sur tous les objets qui intéressent l'ordre politique et l'ordre moral ; et sur le tout,

Il arrête que les sociétés populaires du département sont autorisées à envoyer fréquemment, et même toutes les décades, des missionnaires patriotes et ardens, dans les communes, pour y échauffer le patriotisme.

Qu'elles sont chargées de visiter les hôpitaux et les hospices, pour s'y assurer si les malades et les défenseurs de la patrie blessés, reçoivent tous les secours qui leur sont nécessaires, leur donner les consolations de l'ame et du cœur, et leur rendre leur situation plus douce.

Que les frais de ces déplacemens seront pris sur les riches, et que le comité de surveillance leur fera donner à cet effet, tous fonds nécessaires, soit pour déplacemens, soit pour dépenses nécessitées dans les communes pour réveiller l'ardeur républicaine des habitans.

Le représentant du peuple passe ensuite à l'organisation d'un comité de surveillance pour le département : il fait considérer que l'organisation de l'ancien est vicieuse, et qu'elle ne peut remplir le but de la loi. Il fait sentir la nécessité d'un pareil établissement, pour conduire révolutionnairement la république à la paix, et pour ôter aux riches égoïstes et contre-révolutionnaires, tous les moyens de corruption qu'ils ont en leur pouvoir.

Il nomme, pour la formation de ce comité, les citoyens Rouyer, commissaire national à Moulins ; Delan, maire ; Boissay, commissaire des guerres ; Verd, administrateur du département ; Givois, procureur-général-syndic ; Delair, administrateur du département ; Simard, président du district de Moulins ; Roland, procureur de la commune ; Chainaud, Thiriot, Saulnier, Grimaud, Mioche père, Mallet, juge du tribunal, et Burel, imprimeur.

Il arrête que ce comité de surveillance et de philantropie sera chargé de s'assurer de la situation des indigens, de procurer du travail aux valides, et des secours à ceux qui ne le sont pas.

Qu'il fera mettre en activité et exécuter dans tous les districts, par lui-même ou par le concours des comités de surveillance qu'il est autorisé à y établir, les mesures révolutionnaires nécessitées par l'égoïsme et la malveillance des reclus et de leurs agens subalternes ; qu'à cet effet il s'assurera du civisme de tous les administrateurs ou autres fonctionnaires publics, consultera leurs administrés sur le plus ou moins de confiance qu'ils méritent, et demeure autorisé à faire à leur égard ce que lui-même représentant

a fait à celui du département, du district et de la municipalité de Moulins.

Qu'il fera souvent visiter les maisons, pour s'y informer
de la résidence du maître ; s'il en est absent ou non : qu'il
fera cette opération avec exactitude et fermeté, et néanmoins avec ménagement et modération ; et dans le cas
d'absence, fera séquestrer les biens de la même manière
que ceux des émigrés.

Qu'il fera fouiller, par l'armée révolutionnaire, les vieux
châteaux, à l'effet de s'assurer s'il n'y a point de gens
suspects ou des marchandises cachées, et s'ils ne peuvent
pas servir de foyer de rassemblement à des brigands comme
ceux de la Vendée, de la Lozère et autres lieux.

Qu'il sera irrémissible pour le crime, sous quelque forme
qu'il se produise, afin de débarrasser la société de tout
ce qu'elle a d'impur et de vicieux.

Qu'il fera l'épreuve de toutes les fortunes, afin de s'assurer quelle est leur source, et de faire restituer à la
république ou au peuple, celles qui ne proviendront que
des malversations ou des monopoles usuraires.

Qu'enfin ce comité prendra telle maison d'émigré qu'il
jugera propre à son établissement, choisira tel nombre
de commis qui lui seront nécessaires, pourvoira à toutes
ses dépenses sur la taxe des riches égoïstes, et fera exécuter, dans tout le département, les mêmes mesures par
lui prises, lui donnant à cet effet plein pouvoir, et l'in-
vitant expressément à ne se laisser arrêter par aucune
considération.

Gémois, officier municipal, destitué par arrêté du 27,

obtient la parole , et prononce un long discours , dans lequel il fait tous ses efforts pour se justifier.

Il n'est pas entendu par le peuple avec applaudissement ; il perd plus à avoir été admis à se justifier , qu'à avoir gardé le silence.

Le représentant du peuple , après avoir combattu ses moyens , et lui avoir fait sentir combien il s'étoit mépris dans leur choix , a persisté dans sa destitution ; ce qui a été vivement accueilli par les applaudissemens de l'assemblée.

Un citoyen dénonce plusieurs propriétaires et fermiers, qui sont prévenus de ne pas emblaver la même quantité de terres qu'ils ensemençoient habituellement.

Le représentant du peuple , considérant que cet acte de la part des propriétaires et des fermiers , présente un genre de malveillance qui mérite les peines les plus sévères ,

Arrête , que les municipalités du département seront tenues et requises , sous leur responsabilité , de faire ensemencer et emblaver ces mêmes terres , s'il en existe , par des sans-culottes , aux dépens des propriétaires ; que la récolte appartiendra aux sans-culottes qui les auront ensemencées ; et que ces propriétaires coupables seront punis des mêmes peines prononcées contre tous ceux qui seront convaincus de s'être opposés aux mesures révolutionnaires exécutées par les corps administratifs ou le comité de surveillance.

Arrête en outre que les districts requerront les municipalités de faire faire ces ensemencemens ; et qu'à défaut par ces derniers d'obéir aux réquisitions, lesdits ensemen-cemens seront faits à leurs dépens, et sous les mêmes peines ci-dessus.

Un membre a dit, que la loi qui abolit tout signe de féodalité, n'obtiendra jamais son entière exécution, tant qu'il sera permis aux différens citoyens de conserver quel-qu'argenterie marquée du sceau flêtri des préjugés nobi-liaires;

Que l'oubli des despotes qui ont avili le peuple fran-çais, ne sera jamais assez loin de nous, tant qu'on ne prendra pas les mesures les plus efficaces pour anéantir, sans espoir de les revoir un jour, toutes les monnoies qui portent encore l'empreinte et le nom des tyrans qui en ordonnoient la fabrication.

Il est temps que l'idole des riches et des avares soit brisé; il est temps que ces vils métaux, dont ils faisoient un emploi si criminel, rentrent enfin dans la main de la nation, qui saura les rendre utiles à la chose publique.

Sur ce, ouï le procureur-général-syndic, et sur la ré-quisition du représentant du peuple,

L'administration du département, considérant, 1°. que les richesses ne sont entre les mains des individus qu'un dépôt dont la nation a le droit de disposer quand ses be-soins l'exigent, et que la plupart des riches, en méconn-oissant cette vérité, se refusent constamment aux sacri-fices qu'auroit dù leur inspirer l'exemple des braves sans-culottes, qui exposent leur vie chaque jour pour assurer la liberté de leur patrie.

2°. Considérant que l'argent et l'or enlevés par les riches

à la circulation , et que ces avares entassent pour avoir sous leurs yeux long-temps encore l'image des tyrans , ne doivent plus servir à alimenter nos ennemis , à accaparer nos subsistances , et à payer les assassins des plus ardens défenseurs de la liberté et de l'égalité.

3°. Considérant que ces égoïstes, en accumulant de vils métaux , n'ont cherché à se les procurer, qu'en nourrissant l'odieux espoir d'une contre-révolution ; que ces esclaves de l'or ne l'ont acheté à si haut prix que pour détruire le crédit d'une monnoie fondée sur des biens réels, et plus encore sur la loyauté d'une grande nation ; et qu'il faut enfin les convaincre que les patriotes qui méprisent leurs trésors, mais qui surveillent toutes leurs démarches, ne laisseront plus à leur disposition aucuns moyens de leur nuire.

4°. Considérant que la liberté , qui est devenue le bien unique et la seule propriété des Français , exige que tous également concourent à son établissement , et qu'il est de toute justice que les riches, les égoïstes, qui, depuis la révolution , n'ont travaillé que pour eux , réparent aujourd'hui les maux qu'ils ont causés , et doublent les sacrifices qu'ils auroient dû faire.

5°. Considérant enfin que nos ennemis cherchent moins à nous combattre qu'à nous corrompre ; que la république ne peut s'établir qu'en mettant un terme à la cupidité et à la corruption ; arrête ce qui suit.

ARTICLE PREMIER.

Tous les citoyens qui possèdent de l'or ou de l'argent

monnoyé , ainsi que de l'argenterie , soit en lingots, soit en vaisselle , soit en bijoux autres que ceux qui servent à la parure des femmes , ou qui n'ont de valeur que par leur forme et le travail , tels que les montres , les pendules, sont obligés de les porter au comité de surveillance de leur district , qui leur en délivrera un reçu signé de trois membres au moins , et payable par le receveur , ou à valoir sur leur imposition révolutionnaire , suivant le prix du marc qui sera fixé par la Convention.

II. Ceux qui, dans quinze jours à dater de la publication du présent arrêté , n'auront pas obéi , seront déclarés suspects.

III. Quiconque recéleroit ou cacheroit , n'importe en quel endroit , de l'or , de l'argent , ou de l'argenterie , sera regardé et puni comme un contre-révolutionnaire.

IV. Les orfévres ne pourront recevoir ou acheter de l'or, de l'argent ou de l'argenterie , sous peine d'être mis dans la maison d'arrêt , jusqu'à ce qu'il en ait été autrement ordonné.

V. Sont néanmoins exceptés de l'article premier, tous les instrumens de chirurgie et de pharmacie , d'or ou d'argent , qui , par la nature de leur service , ne peuvent être composés d'aucune autre espèce de métaux.

Le représentant du peuple qui , dans une des séances précédentes , avoit aboli la mendicité , a arrêté que les citoyens malheureux seront vêtus , nourris et couchés aux dépens du superflu des riches ; que les signes de la misère seront anéantis ; que les municipalités seront tenues de faire arréter tous les gens oisifs , et tous ceux qui seront

6

surpris ivres, ou qui les auront fait enivrer, avec défenses
expresses à tous cabaretiers, hôteliers et aubergistes, de
donner plus d'une bouteille de vin à boire à chaque individu, sous les peines de détention et de telle autre qui
sera jugée nécessaire pour l'exemple et pour la police
correctionnelle. Il a autorisé ensuite les entrepreneurs de
la fonderie à requérir les vaisselles en cuivre, pour les
joindre au métal des cloches, et les transformer en canons.

Sur l'observation d'un membre relativement aux volontaires revenus des armées de la république sans congé,
le représentant du peuple, après avoir fait un tableau
énergique de tous les honneurs qui attendent le courage
et la valeur, arrête que tous ceux qui, sans motif d'in-
firmité reconnue, ne se trouveront pas, dans le délai de
huit jours, au chef-lieu du département, pour se ranger
sous les drapeaux de la guerre, y seront amenés par la
force armée, et conduits dans toutes les rues de la cité,
sur un charriot, avec cette inscription : *Lâches déserteurs
de la cause de la liberté ;* et qu'après avoir été ainsi ex-
posés à la risée et au mépris public, ils seront renfer-
més dans une prison jusqu'à la paix.

Le représentant du peuple a prononcé la même peine,
avec une inscription différente, contre tous les citoyens
sans exception, qui vivent dans une honteuse oisiveté,
et contre tous les ouvriers qui n'obéiront pas aux réquisitions qui leur seront faites pour le service de la république.

Quelques citoyens se plaignent que le cours de la justice éprouve encore des lenteurs interminables ; que des

formalités inutiles consomment et leur temps et leur fortune ; le représentant du peuple arrête que les juges seront tenus de faire les fonctions d'arbitres dans leurs tribunaux.

Le représentant du peuple , après quelques réflexions
philosophiques sur les fêtes de la liberté , et après avoir
fait sentir d'une manière touchante, la nécessité de con-
sacrer à son culte certains jours de chaque mois , il arrête,
au milieu des plus vifs applaudissemens , que les derniers
jours de chaque décade seront désormais les seuls jours
de repos et de fête pour tous les citoyens , et que dans
ces jours , on s'attachera principalement à honorer les
vertus , les mœurs , le mariage , le travail , les arts , les
sciences , la valeur , le courage , le malheur , la vieillesse , etc.

Le représentant du peuple , considérant que le peuple
français ne peut reconnoître d'autre signe privilégié que
ceux de la, loi , de la justice et de la liberté ; d'autre
culte que celui de la morale , d'autre dogme que celui
de sa souveraineté : considérant que si , au moment où
la république vient de déclarer solemnellement qu'elle
accorde une protection égale à l'exercice des cultes de
toutes les religions , il étoit permis à tous les sectaires
d'établir, sur les places publiques , sur les routes , les
enseignes de leurs sectes particulières , et d'y célébrer
leurs cérémonies religieuses , il s'ensuivroit de la confu-
sion et du désordre dans la société , arrête :

I. Tous les cultes des différentes religions ne pourront
être exercés que dans leurs temples respectifs.

II. La république ne reconnoissant point de secte dominante ou privilégiée, toutes les enseignes religieuses qui se trouvent sur les routes, sur les places, et généralement sur tous les lieux publics, seront anéanties.

III. Il est défendu à tous les ministres, à tous les prêtres, de paroître publiquement avec leurs habits de religion, sous peine d'être mis en état d'arrestation.

IV. Dans chaque municipalité, tous les morts seront portés et conduits à un cimetière commun, isolé de toute habitation, couverts d'un voile funèbre, sur lequel sera peint le sommeil, accompagnés d'un officier public, entourés de leurs amis, revêtus de deuil, et de quelques-uns de leurs frères de la garde nationale.

V. Le lieu commun de la sépulture sera planté d'arbres, sous l'ombre desquels s'élevera une statue représentant le sommeil : tous les autres signes seront abattus.

VI. On lira sur la porte de ce champ des morts, cette inscription : *La mort est un sommeil eternel.*

VII. Tous ceux qui, après leur mort, seront jugés par les concitoyens de leur commune, avoir bien mérité de leur patrie, auront, sur leurs tombes, une pierre figurée en couronne de chêne.

Le représentant du peuple a terminé la séance au milieu des applaudissemens et de la conviction dans laquelle est resté le peuple, de la sagesse de ses mesures, et qu'enfin on travaille pour son bonheur. Il a annoncé son départ à demain ; mais a promis de revenir au milieu de ses frères, voir l'effet de ses établissemens et les seconder. Les cris de joie et de reconnoissance se sont fait entendre, et il a été accompagné chez lui avec les acclamations familières, *vive la République, vivent les Sans-culottes, vive la Convention nationale,* etc.

Signé FOUCHÉ, de Nantes.

A Moulins, De l'imp. de L. AL PAVY, imprimeur du département de l'Allier.

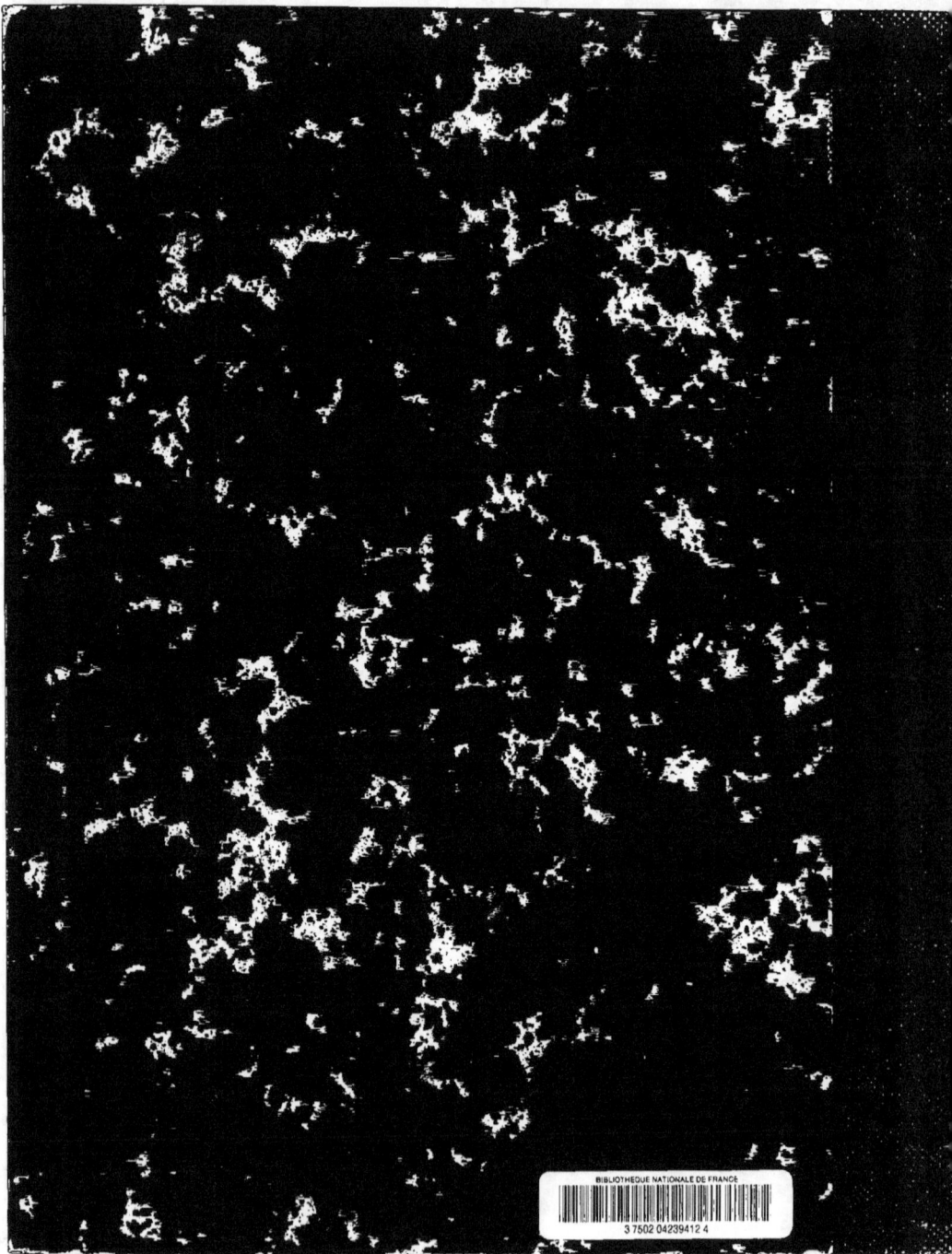

www.ingramcontent.com/pod-product-compliance
Lightning Source LLC
LaVergne TN
LVHW022039080426
835513LV00009B/1146